JN418663

오름 시인선 · 9

블루어 연가

오름시인선 · 9

블루어 연가

펴낸날 _ 2011년 8월 15일
지은이 _ 박성민
펴낸곳 _ 기획출판 오름
등록번호 _ 동구 제 364-1999-000006호
등록일자 _ 1999년 2월 25일
주소 _ 대전광역시 동구 삼성1동 122-2
전화 _ 042.637.1486
팩스 _ 042.637.1288
E-mail _ orumplus@hanmail.net

ISBN _ 978-89-90151-55-1

값 8,000원

블루어 연가

| 박성민 시집 |

| 시인의 말 |

나는 왜 먼 이국 땅 캐나다에서 한국어로 글을 쓰는가?

쓸 필요와 가치가 있는가?

세상에는 설명할 수 없는 일들이 많다 하자, 그렇다면 과연 부끄럽지 않게 열심히 쓰고 있는가?

질문은 언제나 질문의 꼬리를 물고 이어져 또 질문한다.

나도 모르겠다. 솔직한 대답인지 무책임한 대답인지 나는 알 수 없다.

문학(한국문학 또는 한국 문학에 속하지 않는 변방 문학이라 해도)이 직업이 될 수 없는 이곳에서, 결코 취미 그 이상도

이하도 아니라고 말 할 수 있겠지만, 나는 틈이 나면 아니 없는 틈을 만들어서라도 쓰고 싶다. 나의 목소리를 내고 싶다. 나와 비슷한 처지의 함께 살아가는, 한 배를 타고 가기보다는 같은 바다에 빠진 이웃들을 위하여…….

지금 이 순간 나는 오랜만에 자판기를 두드려 손가락이 아프지만 언젠가 이곳에서 태어난 두 아이, 지수와 지인이가 이 글들을 읽을 수 있다면 참 좋겠다고 생각해 본다.

표지 사진을 제공해주신 백복현님 감사합니다.

2011년 9월

캐나다 토론토에서 **박성민**

■ 차례

제1부

겨울 호숫가에서

제2부

토론토 (TORONTO)

제3부

우리 다시 만날 때

제1부

겨울 호숫가에서

호수에 눈이 내려

호수에 눈이 내려
어떻게 쌓이는지
보이지 않는다.

낯선 대륙에 살며
심은 꿈들이
어떻게 자라는지

겨울 호숫가에 서서
발등에 쌓이는 눈을 보며
걸어온 길을 생각한다.

힘든 길 왔는가?
먼 길 왔는가 물어보지만
기억하고 있는 건
늘 발이 시렸다.

이 땅에서 흘린 땀과
이 땅에서 흘린 눈물이
어디에 고였는지 보이지 않지만

지난겨울보다
이번 겨울이 춥고,
눈은 내려 호수처럼
텅 빈 가슴에 쌓인다.

보이지 않는 것들
보이지 않아 잃어버린 것들
호수에 쌓이는 눈을 보며
두 손 주머니에 꽂고 헤아린다.

블루어 연가

옛날에는 그 곳에 가면
친구나 연인은 아니더라도
막연한 얼굴 만날 것 같았지
한글 간판만 보아도 반가웠어.
서울, 고려, 한국, 아리랑…….
영어 간판 사이로 얼굴 내미는
수줍은 한글 간판 밑을 걷노라면
김치 냄새, 불고기 굽는 냄새
나는 골목길을 걸었다.

깨어진 꿈이 땅에 떨어져 구르는
숨은 씨앗만 있고 열매 보이지 않는
사랑 한 번 못하고 보낸 거리.
늘 바람이 불고 추워도
언제 봄이 오느냐 묻지 않지만
멈추어서 이름 부르지 못하고
스쳐가 버린 얼굴들 성공했을까
사랑을 하지 못하면서
사랑을 노래하는 것은 슬프다.

갈수록 멀어져 보기 힘든 친구들
찾은 자리 뿌리내려 꽃 피워야 한다.
뿔뿔이 흩어져 어둠 속으로 돌아가면
우리는 아직 씨앗이다.
겨울바람 돌아가는 등을 밀어
블루어의 밤은 깊어가고
먼데서 달려온 눈발 휘날리는데
깨어진 꿈보다 부르지 못한 노래 있어
나는 걸음이 느리다.

* 블루어(Bloor.St) 캐나다 토론토의 한인 타운이 있는 거리 이름

식탁 위의 무지개

무지개의 색깔을 하나하나 갈라서
네모난 식탁 위에 펼쳐 놓았습니다.
다른 색깔을 분석하며 계산을 하고
까닭 모를 이유를 설명하려 했죠.
7개의 색깔이 아니라 6개라 했던가요?
착시현상도 말했지만 상관없습니다.
만남도 착각 없이 이루어질 수 있나요
하늘에 매달린 환상이나 꿈일지라도
보이는 대로 하늘에 매달린 꿈입니다.
꿈도 사랑도 무지개처럼 허상이어서
붙잡으려면 눈앞에서 사라지나요?
당신은 손에 포크와 나이프를 움켜쥐고
덜 익은 고깃덩어리에서 피가 흐르고
가슴이 아픈 것은 웬 까닭인지요?
꿈만 쫓아 여기까지 오지 않았지만
그릇 사이에 어색한 침묵이 흐르면
우리는 어디 가나 섬에 살고 있습니다.
식탁에 마주 앉는 것은 습관이지요.
무엇을 보아도 가슴 두근거리지 않고
무지개를 보면 손을 뻗어 움켜쥐거나

떼에 절은 식탁 위로 끌어당기기보다
하늘 매달린 자리에 두고 보고 싶습니다.
식사는 허기진 배를 채우는 시간이지만
또한 만남과 나눔의 시간입니다.
우리는 가야할 길이 다르기보다
어쩌면 보는 방향이 다른 게 아닐까요?
무지개가 왜 7색인지 이제 보입니다.
반으로 나눌 수 없으니까요

그리운 약장수

약장수가 보고 싶다.
잠든 골목을 흔들어 깨우는 북소리 아래
만병통치약 들고 애들 가라고 외쳤지만
먼저 달려와 주저앉고 떠날 줄 몰랐다.

입으로 시뻘건 불을 삼키고 토했다.
칼에 찔려도 피 한 방울 흘리지 않고
독사가 물어도 쓰러지지 않았다.
약을 많이 먹었고 약은 분명 만병통치약

우리 가보지 못한 먼 도시에서 왔다.
높은 산에서 오랜 수련 끝 내려왔다 해도
이름 모르는 그는 약보다 말을 팔았다.

약장수 오는 날은 하늘 푸르고
구름처럼 떠오르는 노래 소리 울려
노래를 잡으러 아이들은 다투며 뛰다가
밤에는 늦도록 눈을 못 붙이고
여느 날 들리지 않던 기적소리 울렸다.

가라고 자리를 떠날 애들도 아니었지만
약 한 방울 살 돈도 없는 눈동자
그의 말 한 마디 행동 하나에 감탄할 때
어른도 애가 되고 애가 된 어른만 약을 샀다.

매일 먹는 감기약 두통약도 믿지 않지만
실어증과 향수병에 무슨 약이 특효인지
만병통치약 한 병 마시고 싶다.
약보다 사람의 말을 믿고 싶다.
지금도 북소리 울리면 아이들
골목길을 바람처럼 달리는지

꿈

이제 남은 건 꿈뿐이다

떠나올 때 가지고 온 짐이라곤
꿈 뿐이었지만
오래 전 성공하여 돌아가리라던
꿈 깨져버린 그 후에도
남은 건 꿈뿐이다

간밤에 양도깨비에게
쫓기는 꿈밖에 꾼 것 없지만
샌드위치 싸는 새벽에도
꿈을 꾼다.

오버타임을 끝마치고
돌아오는 서브웨이 안
뭇 인종들 틈에서 졸고 있지만
꿈을 꾼다.

어두운 터널을 지나 가야할 그 곳
계단을 오르며 보아야 할
파아란 하늘을 꿈꾼다.

구슬

두 손을 펴보아도
구슬은 없다.

장롱 밑에 들어간 구슬
왜 꺼내지 못했을까
시집간 누이의 가락지에 붙은
구슬보다 빛났었는데

커간다는 게
배우고 얻는 것이 아니라
잊어버리는 것
잃어버리는 것이라 느끼는 지금

닦지 않아도 윤이 났지만
날마다 침 발라 닦던 구슬
지금은 어느 누구의 손안에서
빛나고 있을까?

어머님의 잣대로
아무리 쑤셔 보았지만

장롱구석보다 깊은 곳으로
굴러가 버린 구슬

모든 게 까마득한 기억
저편으로 굴러간 지금
갈수록 낯설어지는
이방의 거리를 걸으며

양복 주머니에 손을 꽂으면
동그란 구슬은 없고
한 손 가득히 잡히는
열쇠 꾸러미들

가진 것이라곤
하나 구슬도 없는데
기억나는 것이라곤
하나 얼굴도 없는데

열쇠 꾸러미만 철렁거리며
이방의 거리를 걷는데, 문득

생각나는 장롱 밑에 들어간
구슬 하나

그네

놀이터에 바람만 와서 놀고 있다.
어지럽게 찍힌 발자국
하나하나 헤고 있을까
발자국 수만큼이나 허전한 가슴
부르다만 노래 허공에 떠돌고
아이들은 보이지 않는다.
바람이 같이 놀 친구는
기다림이 너무 지루한 그네뿐
아무리 오르고 내려도 미끄럼틀은
굳게 다문 입 대꾸도 하지 않고
바람이 밀고 있는 그네
앞뒤로 흔들리지 않고
옆으로 흔들거린다.
바람은 알면서 심술부리고 있다.
아이들은 언제 돌아오는가?
고운 두 뺨에 입을 맞추고 싶다.

터널의 끝은

냄새나는 아파트 걷노라면 인도사람 카레냄새가 독할까 한국사람 된장냄새가 독할까 찌들은 삶 속에 냄새가 배이고 막힌 길처럼 어두워 냄새날까 이사 올 때 아내는 코를 막으며 빨리 좋은 동네로 이사 가자 했다. 변두리, 햇빛 축복처럼 쏟아지는 이민자 없는 동네를 말했지만 그들은 다른 색깔 안 보이는 냄새에 민감하다. 가난은 냄새나는 것일까 늦게 와서 없는 게 많은 사람들, 가난은 벗으려 땀 흘릴수록 오래 된 속옷처럼 더욱 낡아지고 소리도 없이 이웃과 섞여 산다. 무능한 남자는 버릴 수 없는 꿈에 고개 돌리며, 매년 오르는 아파트 월세를 걱정하며 가깝고 먼 곳으로 떠나려 이삿짐을 풀지 못해도 냄새도 정이 든다 변명 한다. 문은 두들겨도 열리지 않고 약속의 땅에 비 내리고 바람 불어도 구름 속에 파묻히는 날들, 모든 것은 가까이 갈수록 멀어지고 길을 잃고 길에 서있다. 밤을 파도처럼 헤치고 돌아오면 아파트는 어둠 속에 떠있는 배, 흐린 불빛으로 바람 없이 흔들리고 하루를 걷다 지친 사람을 부르며 다시 떠나야 하는 내일을 말한다. 끝 보이지 않는 터널을 생각하면 복도는 걸을수록 더러워져도 그리운 것은 냄새가 날까? 지친 하루를 냄새를 맡으며 돌아온다.

섬

1

파도는 떠나기 위해 밀려온다.
밀려오고 가며 떠나자고 속삭이고
벼랑 끝 바위 위에서 먼 곳을 본다.
섬에서 자란다는 것
바다 한 가운데서 자라는 것이지만
세상 어느 땅에 가면 섬이 아닌가?
수평선 너머 배 한 척 오지 않고
지구는 둥글지 않아 수직으로 떨어져
돌아 올 수 없다 해도 바다로 나간다.

2

먼 곳을 그리다 바다 건너 왔는데
벼랑 끝에 서있다
사람들 웃으며 밀려오지만
낯선 표정으로 떠나갈 준비를 하고
어디에 서있건 바다 한 가운데 서있다
하루하루 바닷가를 걸으며
조개껍질을 줍거나 모래알을 세는 것 아니라
물에 뛰어들어 헤엄쳐 가야 한다.
물에 빠지면서 수영을 배운다.

3

섬은 물위에 솟아 있어 섬이지만
대륙의 섬은 언제나 가라앉을 수 있어 섬이다
누군가를 부르려고 둘러보아도
눈이 닿는 어느 곳도 물뿐인데
바람도 없이 파도가 밀려온다.
어느 섬에서 사람을 부르는 소리
또 하나의 섬이 가라앉고 있다.

카멜레온을 위하여

나뭇가지에 앉으면
나뭇가지가 되고
풀잎 사이에 누우면
풀잎이 된다.

가슴을 찌르는 시선
날카로운 발톱에 쫓겨
꼬리를 떼어내고 피 흘리느니
옷을 바꾸어 입고 서있다.

하루하루 부닥치며 기어갈 때
눈보다 더듬이로 길을 찾고
복잡하게 생각하지 않는다.
생활은 피부로 느낄 때 절실하다

아무도 나를 부르지 않는다.
다리 사이에 감춘 꼬리
그림자처럼 매달려 흔들거려도
그들 피부의 색깔을 먼저 본다.

축복과 기회의 땅이건
저주와 차별의 땅이건
다만 색깔의 차이지만
풀과 나무가 여전히 자라고
그 사이에 두 팔 벌리고 서있다.

피노키오

거짓말을 하면
코가 길어진다는 이야기
거짓말이다.

거짓말을 하면
마음부터 굳어지기 시작하여
몸이 나무 조각이 된다.

거리에서 사람을 만나도
나무 팔 때문에 껴안을 수 없고
부닥치는 소리만 울리고 헤어진다.

하루하루 살아가는 것이 불속에
물속에 뛰어드는 것이지만
말만 잘 하면 피할 수 있다.

타올라야 할 나무라면
흐르는 시간 속에 살고 있다면
사람을 만나 껴안고 싶다.

길을 떠나야 한다.
몸을 가볍게 하기 위해
버릴 것 다 버리면 물위에 뜨고

나무는 물에 젖어도 마르면 불에 탄다.
온 몸을 태워 이웃을 따뜻하게 하고 싶다.
코가 점점 길어진다.

민들레를 노래하며

꽃잎, 햇살보다 눈부신
금빛으로 땅을 환하게 밝혀도
남의 땅에 들어간 사람처럼
뿌리 채 뽑히는 잡초가 된다.

겨울이 떠나지 못 하는 땅
먼저 달려와 봄을 알려도
서둘러 자란 꽃잎
뿌리는 약을 마시고 더러는
무릎 꿇고 쓰러진다.

먼저 온 자는 풀 한포기도
담을 쌓아 지키려하고
침입하면 칼에 목이 떨어진다
흔한 목숨 죽는 이유는 많고
이른 죽음 억울해도 침묵한다.

고개 숙여 땅을 보며 기어도
남보다 작은 키 부끄럽지 않다.
짧은 생명이라 더욱 사랑하고

온 몸 불태우며 서 있다가
가진 것 없어 허공에 뜨고
언제 어디로 떠날 수 있다.

양지바른 언덕이 아니라
도시 구석 갈라진 시멘트 틈새
꿈 깨져 피 흘리는 가슴 위에
다시 필 노란 꽃잎을 꿈꾸며
어딘지 모를 길을 떠난다.

어느 땅에 살지라도 꿈을
가슴에 씨앗처럼 간직하고
길고 어두운 밤을 지나
환한 웃음으로 피어나리.
먼 길 함께 가자고 바람
따라오며 속삭인다.

길을 걸으며

가는 곳 몰라도 걷다 보면
하루가 가듯 한 세상 간다.
사람은 헛된 이름 남기기보다
찍힌 발자국 남겨야 한다.

걷는 법 말해준 사람 없고
어느 책에서 보지 못 했다.
손잡고 끌어당긴 어머니
등 밀던 아버지 말하지 않았다.
내 발로 일어서고 걸었을 뿐,

아버지는 술 취한 걸음으로
비틀거리며 돌아오고 자신을
학대하듯 부축하기 전 쓰러져
걷는 일 쉽지 않다 눈치 챘다.

쫓기며 갈 때 걸음 빨라지고
넘지 못할 담 앞에 돌아가는
사실을 누가 말해주지 않아도
내 발이 먼저 알고 있었다.

길 없는 사막과 빌딩의 닫힌
문 사이를 걷는 법, 두들겨도
열리지 않는 문 앞에서 멈추고
옆 사람은 나보다 앞서 가기에
늘 쫓아가며 배우고 있을까?

오늘도 걸음 비틀거리는 이유는
막힌 벽에 부닥치며 걸어도
아무 곳도 가지 못하고 돌아오며
길은 언제나 혼자 걷는 것이어도
세상은 길이고 발이 길을 만든다.

걸음 잘못됐는지 길이 틀렸는지
같은 길 내일 다시 걸어야 해도
어디까지 걸어야 하는지
얼마만큼 걸어야 하는지 몰라도
길은 언제나 끝이 보이지 않는다.

사막

사람의 발자국 낙타보다 작아
바람 불지 않아도 지워지는데
이 땅에서 한 일 무엇 있는가?
부서져 모래알 되기까지
길은 보이지 않아 멀기만 한데
깨어진 꿈을 밟아서 아니라
그리운 것 많아 사막이다.
보이지 않는 것 물뿐이랴
찾아야 할 것 물뿐이랴
도시에 깔려 있는 모래는
헛되이 보낸 지난 시간보다
깨어진 꿈을 보여준다.
빌딩은 날마다 솟아오르고
사람들 바람 없이 흩어진다.
길을 찾아 길 위에 서있어도
약속처럼 너무 많은 기회
모래처럼 흩어지고 있다
길이 많은 이 땅은 사막이다
사람들 부닥치며 깨어지고
흩어져 길을 덮고 만드는데

눈앞에 쌓이는 모래를 보면 목이 탄다.
낙타의 눈썹을 생각하라
오늘도 멀리 보아야 하고
갈 길 멀고 모래 바람 분다.

아라비아

지금은 아라비아라면 석유가 타올라
하늘을 더럽히는 검은 연기가 떠오르지만
옛날에는 날아다니는 융단이 생각났고
천 날 밤을 두고 이야기를 할 수 있는
지혜로운 여자를 생각했습니다.
도적들 말 타고 바람을 헤치며 달리고
주문을 외우면 열리는 동굴의 문
"알라바바, 열려라 참깨!"
동굴 안에는 보물이 있었습니다.
어릴 적에는 보물을 찾아 낙타를 타고
사막 길을 달리는 꿈을 꾸었지요.
지금은 땅에서 솟는 석유가 보물이지만
석유가 있는 곳에 피가 흐릅니다.
아직도 사막 어딘가 오아시스가 있어
야자나무 그늘 아래 샘물이 샘솟나요?
아라비아 사람들은 코카콜라를 마시고
돈 많은 사람들 검은 벤츠를 타는데
램프를 문지르지 않아도 거인들 몰려와
주문도 없이 동굴 속의 보물을 훔쳐갑니다
전투기들 융단보다 높이 떠올라 날지만

뜨겁게 달구어진 모래를 식히고
밤을 밝히는 이야기를 듣기 위해
아라비아에는 밤이 있습니다.
길 잃은 낙타가 귀를 세우며 돌아오고
달빛 아래 탱크 바퀴에 부서진 모래가
지혜로운 여자의 눈빛으로 반짝거립니다.
메마른 사막의 모래 위에도 역사가 흘러
칼로 흥한 자는 칼로 망하나요?
세흐라자드! 당신은 어디에 있나요?

바그다드에 장이 서면

바그다드 장터에 이제 사람이 없습니다.
포신으로 하늘을 찌르는 탱크와 장갑차
무장을 한 이국병사들이 모이고,
최신 전폭기 하늘 위로 지나갑니다.
부서진 모래조차 깨부수는 미사일 달고

사람 부닥치며 살아가는 소리로 가득 차고
춤을 추듯 걸어가는 웃음소리 채우기 위해
먼 곳에서 낙타를 타고 사막을 건너고
당나귀를 타고 오고, 짐을 지고 오는 사람들
남에게 주고 싶은 물건이 있어 장이 서지요.

싸움 끝나 할 일없는 이국 병사의 군홧발
장터에 모이는 사람들의 가슴을 밟으려 해도
동전 한 잎 없이 모든 것을 살 것처럼,
훔칠 것처럼 장터를 서성이는 사람도 있고
검은 베일을 쓴 여인들 들려줄 이야기 있어
누군가에 비밀스런 눈빛을 빛내기도 합니다.

세흐라자드! 언제 바그다드에 장이 서 나요?

몸보다 마음 먼저 달려가고 있습니다.
이제 총소리 대포소리 잠이 들고
하늘을 태우려 솟아오르던 불길도
모든 미움과 증오도 타오르고 나면……,

칼 부딪치고 총 겨누던 손이 거래를 하고
사람과 사람이 만나 마음을 서로 주고받듯
필요한 물건과 물건을 건네주고 받으며
이야기가 넘쳐흐르는 축제 일 것입니다.
바그다드에 장이 서면 불러주세요.
그곳에서 나는 당신을 만날 수 있겠죠?

이상기온

사람의 말 믿지 못해 일기예보 틀려도 좋았고
바람 불고 눈 오거나 체감온도로 느낀다.
겨울이 겨울 같지 않아 눈 내리지 않고
내려도 쌓이기 전에 녹아 찬바람 잠들고
성급히 돋아나는 잔디 적시며 내리는 비.
공기 오염과 대기의 오존층, 온실효과,
뜻 모르는 엘 리노 현상을 말해도
세상일처럼 나와 상관없는 일,
바다 건너 먼 나라나 이웃이라도 남의 일
이상하다는 한 마디로 받아들이지만
필요에 따라 선택하는 이유 또는 변명,
아나운서의 말로 족해 내 책임 아니다.
곧 지구의 종말이 온다 생각 안 해
남의 말 지우며 걱정 없이 사는데
언제까지 이상하다 할 수 있을까?
눈에 보이고 손에 잡혀도 못 믿는 세상,
겨울 비 내려 눈보라 몰아치는 가슴.
말 넘쳐 화면 밖으로 흐르는 TV를 본다.
새로울 것 하나 없는 뉴스
이상기온을 말하는 입이 이상하다.

오늘도 걱정 없이 살았고
아이들 잠을 자며 무럭무럭 자라는데,
겨울이 겨울 같고 사람도 사람 같아야 한다는
이상한 생각나는 건 이상 기온 때문이지만
오늘도 일기예보는 틀렸다.

먼지를 털며

12월이 오면 세상 더욱 밝아지고
벽장 선반 위에 누워 잠자던
플라스틱 나무의 먼지를 턴다.
무심히 팽개쳐 복잡하게
엉키고 꼬인 전구 줄을 풀며
지난해에 했던 생각 또 하고 있을까
만나자마자 헤어진 사람이나
먼 곳에 있어 잊혀가는 얼굴 떠올리며
보내지 않는 크리스마스카드를 생각한다.
일 년 전 전구들 때가 온 걸 알고
일제히 눈을 뜨고 깜박거리는데
빨간 전구 하나 눈을 감는다.
일 년마다 먼지를 털어내는 계절
전구들 일 년 만에 눈을 뜨는데
눈 뜨고 사방을 둘러보면
아직도 보이지 않는 것이 많다.
지난해에도 누구도 사랑한 적 없다.
종소리 울리는 계절 기도하듯 고개 숙이고
일 년 동안 쌓인 먼지 털고 나면
노래도 없는 가슴에 무엇이 남아 있을까

제2부

토론토 (TORONTO)

자작나무와 시인

시인들은 자작나무를 노래합니다.
어떻게 생겼는지 모릅니다.
아카시아 나무를 생각하면 하얀 꽃잎이 보이고, 먼저
떠오르는 향기를 맡지만
사과나무라면 빨간 사과를 생각하고
감나무라면 감을 생각하지만
자작나무는 무엇을 맺는지
자작이라는 과일이 없다는 것을 알뿐
숲길을 걸어본 적이 있어도
보았는지 보지 못했는지
모든 나무가 자작나무로 다가옵니다.
시인들이 노래를 해서
자작나무는 종종 내 눈앞에 서있지만
언젠가 본 적이 있는 것 같습니다.
호젓한 산길 나무아래 걸음을 멈추고
잠시 쉬었다 왔는지 모르죠.
자작나무도 한 여름이면
무성한 푸른 잎을 달고 있겠죠.
시인들이 걸어 논 말들이
열매처럼 주렁주렁 매달려

자작나무는 시인의 나무로 서있습니다.
허리에서 어깨 높이까지 자랐다가
온 하늘을 가득 덮기도 합니다.
바람이 불지 않아도 흔들리는 잎새들
눈보라가 몰아쳐도 더욱 푸른 말들
한 겨울 눈 속에서 자작나무를 심습니다.
그리고 누군가의 이름을 부르며
잎 새가 흔들거리는 소리를 듣습니다.

벽에 걸린 가족사진

못 박혀 벽에 매달린 가족사진
혼자 남은 나를 구원하려 하지 않고
용서받지 못할 자 피를 흘려야 한다.
한 때는 모두 한 몸 인 듯
험한 세상 함께 가자 어깨를 붙이고
서로의 체온을 확인하며 서있었는데
모두 등 돌리고 서있다.
구원은 말로 시작한다는 말 사라지고
소리 없이 강물이 흘러
가족사진에서 소리가 나지 않는다.
집에 나만 남아 사진 속에 나만 있다
사람은 가도 사진은 남아야 하는데
떠나면 그림자처럼 얼굴도 따라가고
옛날의 추억만 남아 어른거린다.
한 때는 가족사진 밑에서 뜨거운 정처럼
김이 나는 식사를 하며 이름을 부르고
대화를 나누며 서로의 자리를 확인했다.
가장 가까이 서있던 사람은
다가올 날 예상했듯 웃음 뒤에 칼 감추고
모든 것 냉정하게 자를 준비를 했다.

가족사진은 가족임을 확인하려 찍는다.
누구 하나 사진 밖으로 나가지 못하게
액자에 넣어 벽에 못을 박고 매달지만
마음이 떠난 그들을 붙잡기에
액자라는 울타리는 낮고
그들을 부르는 바깥세상은 너무 넓다.
벽에 매달린 모든 가족사진은 독사진.
멍청한 얼굴이 혼자 울고 웃는다.
울음소리 벽 속으로 가라앉을 때까지

아파트 화단의 꽃

콘크리이트 사이로 보이는
흙은 이유 없이 부끄럽다.
자신의 상처를 보는 것 같아
꽃이 없는 화단은 슬프다

꽃은 상처에 부치는 일회용
웃고 서있는 땅 고향이 아니다.
비행기를 타고 사람들 오듯
다른 땅에서 왔다.

때가 되면 공장 같은 온실에서
차에 실려와 성의 없이
마구 뿌려진 거름 흙 위에
씨앗을 뿌리듯 뿌려진다.

몇 분 만에 몇 십 개가
줄 맞추어 꽂아져
웃는 얼굴을 보여주어
꽃은 항상 순식간에 핀다.

목마름에 비를 기다리지 않고
뿌리까지 젖게 물이 뿌려져
하늘 쳐다보며 걱정 안 해도
꽃이기 위해 누가 보아야 한다.

따뜻한 손길도 필요치 않다
때가 지나면 뿌리 채로 뽑히고
쓰레기통에 버려지기 전에
사람들 무관심 속에 잊혀진다.

아침 출근길에 멈추어서 보는 꽃
언제 얼굴이 바뀔지 모르지만
오래 그 자리에 서 있었다는 듯
어린 아이처럼 활짝 웃고 있다.

미운 오리 새끼

너는 색깔이 다르다.
깨고 나온 알처럼 가슴 깨어져
내딛는 발걸음 더욱 서툴고
어린 가슴에는 말 한마디도
사정없이 박히는 못이 된다.

새끼 오리들
오리로 태어난 것이 자랑스러워
아직 마르지 않은
털 까지 금빛으로 빛난다.

하늘 한 번 쳐다보기 힘들어
고개를 숙이는데
부끄러운 잿빛 털
젖어 마르지 않는다.

넓은 농장에서 갈 곳이 없고
팔이 길어 무성한 나무도
다른 빛깔 숨겨주지 않아
미운 오리는 자꾸 발을 헛딛는다.

엄마 따라 걷는 오리들
뒤뚱거려도 넘어지지 않는다.
두려움 없이 물에 뛰어들고
뭐든지 따라만 하면
키도 저절로 자란다.

엄마가 앞만 보면 꽥꽥거려도
작은 입을 벌리면 소리가 나고
남들이 입만 벌리면 나오는 소리도
따라하지 못하는 미운 오리 새끼는
엄마를 닮은 오리가 되고 싶다.

미운 오리 새끼는 입을 다물고
뒷줄에 쳐져 고개 숙이고
작은 발자국을 땅에 찍으며 걷는다.

이민도시의 휴대폰

모두 전화를 걸고 있다.
이름을 몰라도 번호를 알면
언제 어디서 부를 수 있지만
지금 만나자 등을 돌리며
떠나는 사람 부르지 못 한다.
그들은 휴대폰을 통해 말을 하고
나는 그들의 번호를 모른다.
이름을 묻기 전에
번호를 물었어야 했다.

휴대폰을 손에서 놓지 못 한다
쓰다듬는다고 벨이 울리지 않고
입력된 번호를 눌러 보지만
아무도 대답하지 않는다.
산다는 것이 그러하리라
휴대폰이 없어 연락 없다 생각해도
휴대폰을 사도 달라지는 것 없다.
아무리 비싼 휴대폰도
수신인을 끼워서 팔지 않는다.

언어가 달라 무슨 말을 하는지
옆에 앉은 사람도 알아듣지 못해
자기 나라 말을 하는 사람들
모두 먼 곳에 전화를 걸고 있다.
길을 잃고 응급신호를 보내도
걸려오는 전화는 없다 아무도
그들이 어디로 가고 있는지 모르듯
그들이 어디 있는지 모른다.

길에 묻힌 사람들

옛날 헐벗고 굶주린 중국 사람들
이 땅을 금산(金山)이라 불렀다.
금이 산으로 우뚝 솟아있는,
가슴에 금을 품고 있는 땅.
땀 흘려 파면 나온다 생각했을까
홍수와 가뭄, 재난으로 주린 배 움켜쥐고
몇 달 몇 날을 망망한 태평양을 건너며
싸운 것은 험한 파도뿐이 아니다.
낯선 땅과 사람에 대한 기대와 두려움
내일에 대한 불안에 심한 배 멀미 하며
산보다 높은 파도 너머 금산을 그렸다.
일할 수 있는 남자만 불러들인 땅.
자식 생각, 아내 생각 잊어버리고
키보다 높은 곡괭이 휘두르며
몸보다 무거운 바위를 나르며 쓰러지며
철길에 못을 박으며 피를 흘리고
바위가 갈라지듯 가슴 깨어져
꿈은 파도처럼 바위에 부닥쳐 사라져도
파낸 돌 하나하나를 피와 땀으로 적시며
대륙을 횡단하는 철도를 놓았다.

기차가 강을 건너 들판을 가로지르고
힘차게 산을 뚫고 달릴 때
넓은 땅 위에 갈 곳 없이 버려지고
온갖 차별과 천대로 구르는 돌이 되었어도
자손들 위해 넓고 거친 땅에 씨가 되어
어느 바람에도 뽑히지 않는 뿌리를 내렸다.
길을 만드는 일은 거룩한 일인데
자신들 만든 길에 묻혀 금이 되었을까

지금 이 땅에서 나는 어디로 가고 있을까
아이들과 아이들의 아이들을 위하여

주유소 간판

창가에 서면 어둠 속 눈뜬 간판들
불타고 있는데 먼저 눈에 들어오는 간판.
보노라면 오줌 마렵고 목이 탄다.
ESSO, SOS라고 써놓은 것 같아
어둠 속에 떠서 흔들거린다.
글자도 피 떨어지는 붉은 글씨.
요즘 전쟁도 석유 때문에 일어나고
석유가 떨어지기 전 세상도 불로 망하리.
99.9 이윤을 위한 숫자 놀음.
하루가 다르게 불길로 솟아오르는
기름 값의 안정과 세계 평화를 위해
언제 또 아메리카의 폭격기가
먼 바다를 건너 날아갈지 몰라도,
총성 잠들고 타오르던 불길 쓰러진 사막.
이국 병사의 군화가 밟고 간 자리
모래바람 밟으며 낙타가 가고 있다.
SELF SERVICE, 허기진 배를 채우듯
차에 기름 채우기 바쁜 사람들
도와주는 손 없이 혼자 해야 한다.
Open 24hrs, 지키는 사람은

밤이 깊어갈수록 유리 상자에 갇혀
타들어 가는 심지처럼 고개 숙이고
꿈만 품고 자라는 아이들 생각할까
값이 불꽃처럼 솟아올라도
차는 여전히 굴러야 하지만
밤새 앉아 있는 그의 수당 변함없다.
어둠 쌓이면 때론 두려움에 떨어도
목마른 차들 헐떡거리며 오지 않아도
주유소 간판은 어둠 속에 더욱 빛나고
촛농 같은 뜨거운 눈물 떨어지는데
소리 없이 깊어가는 도시의 밤

토요일 아침 수영강습

혼자 하는 수영보다 여럿이 함께 하는
축구나 하키를 시키라 하지만
아이가 건너야 할 세상은 물과 같아
먼저 수영을 가르친다.

잘난 자식 물속으로 밀어 넣으면
물은 쳐다보는 시선으로 출렁인다.
두려움 없이 몸을 던지면 수영장 물
기다리고 있었다는 듯 너를 껴안는데
이 땅은 역시 축복과 기회의 땅이다.

아이들 힘차게 물속에서 허우적거리고
아이들보다 빨리 움직이는 부모들의 눈.
고만한 나이의 첫걸음 비슷하다지만
아이는 왜 맨 나중에 뛰어들었을까
파도치는 태평양 넓은 바다에 밀어 넣었다
물에서 보면 언제나 육지는 멀다

건너온 바다가 험하다 말하지만 아이가
건너야할 바다가 더 험한지 모른다.

작은 발로 서투른 발길질 몇 번 했다고
험한 세상 힘차게 헤쳐 나가지 않지만
산더미만한 파도보다 옆에 아이가
더 무섭다고 미리 말해주어야 할까

세상 물속에서 발버둥 치 듯 살아야 하는데
우리는 물에 빠지며 수영을 배운다.
소금물 목으로 넘기며 허우적거리다가
주말이라 물위로 얼굴 내민 부모들
물속에 들어간 아이들을 보며
아이들 꾸어야할 꿈 대신 꾸고 있다.

어머님의 우물

오랜 투병생활보다 지친 이민생활에
당신은 몸보다 가슴이 메말랐습니다.
창가에 시든 꽃들 자식들 대신 당신을 지키고
창밖의 구름 가끔 흐르다 멈추나요.

오랜 만에 찾아 할 말이 없습니다.
입을 여시는 말에 떨어질 누런
꽃잎과 함께 고개 숙여 귀 기울이는데
오늘 따라 더욱 목이 탑니다.

떠난다고 영원히 떠나지 않더라.
침을 뱉고 떠난 우물
돌아와 다시 마시는 것 사람이다

눈물 많은 땅 서러운 시대 태어나
고향을 떠나 떠돌던 당신 이별이 많아
두고 떠나는 것 많은 소매 자락
늘 눈물에 젖어야 했지요.

행여 남의 가슴에 못을 박는 말

상처를 주는 행동 절대 삼가 해라
우물물을 나누어 마시듯
세상 어디 가도 함께 살아야 한다.

땅 넓어도 돌이 많아
맨손으로 우물을 파신 건 아닌지요
당신 손길에 깊게 뿌리내린 양
아이들 무럭무럭 자라고 있습니다.

말은 우물 바닥에서 새어나오는 바람.
한동안 할머니와 떨어져 모국어를 잊어버린
아들은 할머니 죽느냐 영어로 묻고
말보다 눈치로 알아채신 어머님.

깊게 패인 주름살 타고 흐르는 눈물.
당신의 우물은 마르지 않았는데
잘못을 저질러 꾸중 들을까 두려운
어린 손자의 손 꼭 잡으셨습니다.

어머님! 당신은 우리들 우물입니다

길 잃고 헤매며 타는 갈증보다 더한
목마름에 쓰러졌을 때 당신이 있었습니다.
아직 돌아가실 수 없는데
그 손 놓으시면 또 어디로 떠나시나요.

개구리 울음소리

"세상 모든 여자는 어머니다."
내 작은 손을 꼭 쥐셨습니다.
어머니는 또 조국이라고 하셨던가요?

그 여자가 당신의 딸이라면
그 여자가 당신의 어머니라면

작은 술잔에
우리가 담아 마신 것은
그것은 무엇이었나요

눈물처럼 투명한 소주는
화학주라 쓴가요?
돈 없는 사람이 마셔서 쓴가요?

"왜 이 사회, 이 역사가 이 모양 이 꼴이여……."

마셔도, 마셔도
취할 수 없었지만
어두운 시대의 거리를

부축임을 하며 받으며
웬 걸음은 비틀거리는지
웬 눈물은 흐르는지

형님은 시골로 내려가
미제 농약을 뿌리지 않고
개구리가 우는 논을
일구겠다고 하셨죠?

우리가 헤어져야 하는
갈림길에서
형님은 어둠을 헤치고
남쪽으로 가셨소.

혼자 남아서
그 자리에 비틀거렸던 것은
술 취한 탓이기도 했지만
사실은 가야할 길을
몰랐기 때문입니다.

딸 같은 여자는 끌려가고
어딘 가에서 울고 있을 어머니

농산물 수입이 개방되고
기계로 생산된 상품은
무너진 둑을 넘어서 밀려오는데

소식 끊긴 형님 생각에
밤을 밝히는 나에게
개구리 울음소리도
농사군 웃음소리도
전혀 들리지 않습니다.

형님과 내가
쓴잔을 기울이며 나눈 이야기
이제는 사라진
개구리 울음소리인가요?

들꽃

봄이면 사람 없는 들에 먼저 꽃이 핀다.
세상은 싸움과 죽음의 연속이지만
들에 핀 하얀 꽃, 노란 꽃, 보랏빛 꽃,
보는 사람 없이 활짝 피는 꽃을 보면
멸종이니 멸망이라는 말 쓰는 것 아니다.
로마 병정이 방패를 들고 행군하다 쓰러진
몽고 기병이 활을 쏘며 말 달리다 멈춘
바람만 달리는 들에 꽃은 피는데
키 작은 얼굴 하늘 향해 고개 들면
햇빛 하늘에서 떨어지고 달리던 바람
이름 없는 꽃 앞에서 숨을 죽인다.
어느 생명인들 울음 없이 태어나지 않고
짧게 살다 쓰러질 때 눈물 흘리지 않는가.
혁명가는 단두대에서 목이 떨어지고
병사들은 언제고 오지 않을 평화를 위해
바다 건너 남의 땅에서 죽고
사막에도 꽃은 떨어진 피처럼 핀다.
그들의 흘린 피가 꽃이 된다.
탐험가는 처음 밟는 정글에서 길을 잃고
얼음 위 눈에 파묻히는 발자국으로 남아도

세상 모든 죽음 헛되지 않아 꽃으로 핀다.
이 땅은 언제나 바람 부는 들판인데
이름 모르는 꽃으로 피고 진다.
어느 땅에 피고 지더라도 노래 부르리
들에 핀 꽃처럼 살아 있음의 기쁨을
죽어가고 있음의 아름다움을

참

참 소주 두 병 사들고 돌아오는 저녁
종일 걸어 무거운 걸음도 가벼워지고
혼자라 춥고 긴 밤도 따뜻할 것 같다
언제부터 이곳 술가게에서 팔았을까
지구 곳곳에서 흘러온 여러 민족 모여
담을 쌓다 허물고 다시 쌓으며 사는
사막 같은 땅에서 소주를 마신다.
한 병에서 두 병 들기까지 망설였던
빈손 위해서 아니라 장사꾼 계산으로
바다 건너도 팔려 돈 되니 수입했겠지
찌개 감으로 싱싱한 생선 한 토막
마른 오징어 또는 새우깡 한 봉지
사들고 오지 못해도 조그만 유리잔에
눈물처럼 떨구어 홀짝 거리노라면
만원버스나 인파로 붐비던 거리에서
잠시 스쳐갔던 얼굴들 떠오른다.
이름도 생각나지 않는 그리운 사람들
세상 근심걱정 잊기 위해 마신다지만
잊어버린 것 찾기 위해 마신다.
모든 것 부족했던 그 시절 풍족했고

사람은 역시 부딪기며 살아야 한다.
등 푸른 두꺼비 마냥 병 한 가운데
쭈그리고 앉은 한 글자 참 반갑다
투명한 유리잔에 꾹꾹 눌러 담노라면
얼어붙은 가슴 녹아 흐르고
술 취하는 것도 사치스런 땅
잃어버린 것 많아 가슴 굳어 있을까
돈 없어 서러운 사람 한숨으로 마시고
연인에게 배신당하고 흘리는 눈물처럼
참 소주 목에서 저절로 굴러가면
뺨을 타고 흐르는 눈물도 달고
언젠가 누군가를 죽도록 사랑했고
떠나온 땅 아직도 기다리는 사람이 있다.
마주 앉은 사람 보다 채워줄 잔 없어
더욱 빨리 깊어가는 밤
어둠 속 누가 검은 전신주 붙들고
비틀거리는 노래를 부르고 있다.

서부영화

화면은 넓어 말 타고 달려도 끝이 없고 하늘 푸르러 강은 멀리 흘러서 간다 소 떼들 울음소리 넘쳐 악당을 쫓는 말발굽 소리보다 크게 울리고 주인과 침략자가 바뀌어 쫓고 쫓기는 땅 악당은 총소리만 울려도 쓰러지고 인디언들 나팔소리만 울려도 말에서 떨어져도 쓰러진 자는 이름이 없어 기억할 수 없고 총 잘 쏘는 자는 살아 죽은 자를 용서한다 서부에 가면 말 타고 악당을 쫓으리라 기다리는 금발의 여인을 모두 사랑하며 지는 해를 향해 말 타고 가리라 서부에 왔는데 서부영화 끝났다. 들판 채우던 소들의 살 찐 울음소리 나팔소리와 더불어 깡통 속에 갇혀 편의점 선반에 줄 맞추어 침묵으로 서서 카우보이의 휘파람 소리를 그리워해도 과거는 흘러갔다 금발의 미녀들 노래도 없이 어두운 거리에서 흐린 눈으로 지폐 몇 장 쥐고 말 발굽소리보다 서둘러 달려오는 손님을 기다리고 개척자는 바다를 건너 먼 타국 땅 불타는 사막의 모래 위에 낙타의 발자국소리에도 지워질 선을 근다 개척은 끝이 없고 원주민의 피는 강물처럼 흐른다 문 닫으면 높아지는 빌딩 사이에 어둠이 고이고 휘파람 소리 북소리 울리지 않고 아무도 부르지 않아도 서부는 여전히 총소리에 잠든다 황금 다 캐고

구멍 뚫린 가슴으로 누운 대륙 총 싸움 하지 않아도 피 흐르는 도시는 땅을 파도 없는 금을 남의 주머니에서 찾고 키 큰 사람들은 제 손으로 가슴에 별을 달기 바쁜데 총소리 없이 사람이 쓰러져도 서부는 내내 번창하리라 서부영화 끝났어도

토론토 (TORONTO)

1
원주인 행세하는 백인보다
유색인종이라 불리는 이민자가 많이
걸어 다니는 토론토.
사랑하여 색깔의 차이를 보지 못 하는
연인처럼 끌어안지 못해도
주어진 자리에 서서 이웃과 조화를 이룬다.
눈에 보이지 않는 선이 있다 해도
그림은 선을 지우며 그리지 않는다.
지구촌 구석구석에서 저마다의 얼굴
억양 틀린 언어와 꿈을 간직하고 흘러와
돌아보면 건너 온 바다 아득해도,
자리를 찾다 길이 막혀 돌아가는 밤이면
밟고 가는 어둠은 한 가지 색깔.
지친 몸 눕힐 자리 있고
도시는 새벽마다 깨어나 아름답다
2
인도사람 커피색인 파키스탄 사람보다 하얗고
폴튜갈이나 이태리 사람 키 작고 가슴 털이 많다.
홍콩사람 중국 사람보다 몸 가늘고 눈 날카롭다.
모두 달라 보여도 이 땅에 뿌리를 내리고

더 나은 생활과 기회를 위해 먼 길 왔다.
자식을 위해 흙이 되고 거름 돼야 하는데
피부 빛과 억양 다른 언어 변명해도
너의 꿈 내 꿈이 되어 너를 보며
나를 찾는데, 땅보다 하늘에 심은 꿈들
꽃으로 피는 날 보이지 않지만
차이를 말해도 차별은 하지 말자.
제각기 모여 큰 다툼 없이 살아
아름답다 토론토.

3

눈물이 고여 호수가 되지 않는다.
눈 녹은 물들 흘러들어 호수가 되고
세인트로렌스 강 따라 대서양으로 가고
비우고 비워도 남은 꿈이 있다면
발 돋음 하고 두 팔 뻗어 보련만
물이 낮은 곳으로 흐르듯
이민자는 고개 숙이고 가라앉으며
끊임없이 흐르듯 쉬지 않고 걷는데
어디서 왔는지 말할 수 있어도 아무도
어디로 가고 있는지 말해주지 않는다.

생존영어

발음 부드러워지고 뒤통수 때리면
저절로 튀어나오는 영어지만
갈수록 대화하기 어려워지고
이민초기에 배운 생활영어
먹고 살기에 필요한 최소한의
언어만 뜻 없이 되풀이 한다.

피부 빛 다르듯 내가 하는
영어는 사용용도가 다르다.
언어는 마음과 마음 이어주는데
내 서투른 언어는 굳게 닫힌
그들의 가슴을 두들기지 못 한다.
그들의 언어도 가슴에 닿지 않는다.

영어는 내가 먹고 살기에
최소한 필요한 생활 수단
목수의 대패와 망치처럼
입에 양식을 가져다주는 연장

눈 곱게 쌍꺼풀진 여인이나

떠나온 고향 바다 빛 여인을 보면
하기 망설여지는 말도 하고 싶은데
뒤통수 때리지 않아도 튀어나오는
땡큐, 때앵큐, 돈만 내고 나가라

사는 게 아니라 살아지는 대륙의
길모퉁이에서 낯선 사람들에게
내가 해야만 하는
생존영어

숲속에 들어가며

숲속에 들어가며 담배 불을 끈다.
뜨겁게 타올라야 했던 가슴
흐르는 물소리로 씻으며
언제나 버려야 할 것이 많다.

쓰러진 풀잎과 박혀 있는 바위
숲속에는 떠나지 않는 것이 많다.
나무들 손을 잡고 그늘을 만들고
떨어진 나뭇잎 하나 자리가 있고
돌은 함부로 구르지 않는다.

죽은 나무 이끼와 더불어 살아나며
이름 없는 꽃도 고개 높이 들고
새들 노래 소리에 물은 바위를 돌아
보이지 않는 길을 찾는다.

나무들 하늘 향해 팔을 뻗고
나무는 나무끼리 손을 잡고
서로 이름을 부르지 않아도
함께 살아 꽉 차있는 숲속

바람 유혹해 나뭇잎 따라 가지 않고
뿌리 내린 것들은 자리가 있고
아무리 가는 풀잎이라도
이웃을 함부로 베려하지 않는다.

숲속에서 멈추려는 발밑에는
뿌리가 자라지 않아
돌아 가야할 길을 찾는다.
숲속을 나와 숲속으로 들어간다.

오작교
- B에게

왜 우리는 오작교에서
만나야 하나요?
만나기 힘들지만
헤어지기 힘든 것도 아시나요?

우리의 오작교는 돌을 깎아서
나무를 다듬어 만든 다리도,
철근과 콘크리트를 배합해서
만든 것도 아닌 별처럼
하늘 높이 걸린 것도 아닙니다.

하늘에서 약속처럼 눈이 내려
가슴 속 쌓일 때
우리의 발길이 닫는 곳
우리의 가슴이 만나는 곳
그 곳이 아닐까요?

지금 나의 발걸음은
쌓이는 눈을 밟으며
어디론가 가고 있습니다.

당신도 나오고 있지요?
눈에 지워지는 발자국 소리
우리 만나는 곳이
우리의 오작교입니다.

만남은 언제나 짧고
이별은 긴 것인 것을
그러나 우리를 헤어지게 한 것은
강물도 바다도 아닌
우리 자신인 것을,
지금 눈이 내립니다.

고향이 보이는 언덕

산 위에 눈, 6월 햇살 아래 눈부시고
몇 날이고 달려 대륙을 횡단한
개척시대의 낡은 증기기관차처럼
더 이상 갈 수 없어 숨을 몰아쉬다
당신은 바다 앞에 멈추셨습니다.

산과 바다가 있고 고향이 가까워
힘들게 정착한 토론토에서 은퇴하시고
뱃고동 울리는 밴쿠버로 오셨습니다.
언제나 바다를 바라보며 서있는 산
산을 부르며 달려오는 바다

날마다 산에 오르셔 바다를 보셨나요?
그리운 이름들 목매어 부르셨나요?
거동조차 불편한 말년에는 누워
창문 바라보며 파도소리 듣고
창에 어리는 산 그림자 보셨나요?

"고향이 보이는 언덕"

서양 공동묘지 한 구석 한인 전용묘지

작은 바위에 새겨진 글이 아니라
우리 가슴 위에 새겨진 글이 아닐까요?
이 언덕에 오르시기 위해
당신은 얼마나 먼 길을 걸으셨나요?

이 땅에서 돈을 벌고 집을 사고
아이들 교육과 성공을 생각했지
고향에 돌아가지 못하고 묻힌다는
사실을 생각하지 못하고
앞만 보며 걸어왔습니다,

오랜 만에 보는 산과 바다를 눈보다
가슴에 담으려고 보고 또 보지만
아직 보이지 않는 것 너무 많습니다.
당신 눈 감으시고 고향을 보시나요?
고향은 멀어 눈 감아야 보이나요?

오늘 따라 파도 숨죽이고 바다 잔잔한데
당신이 밤마다 밟으신 꿈길 위로
햇살 눈부시게 쏟아져 물 위에 찍힌
무수한 발자국 은빛으로 반짝입니다.

한 살 반 아들 녀석은 얼굴도 뵙지 못한
증조할아버지의 삶과 죽음도 모르고
널따란 묘지가 놀이터인양 친구도 없이
파랗게 돋아난 잔디 위에 뛰다 넘어지고
손잡지 않아도 일어나 다시 뜁니다.

눈물처럼 비 많이 내리는 밴쿠버
나무들 하늘 찌르며 높이 자라고
바라보신 바다와 건너 땅 생각하며
산 그림자 내려와 태평양 푸르른지?
건널 수 없는 슬픔이 배여 푸르른지?

뿌리를 내린다는 의미는 무엇인가요?
거름이 된다는 뜻 무엇인지
증손자가 묘비 사이에 넘어져 웁니다.
우는 아들을 일으키려 뛰어가며 언젠가
고향이 보이는 언덕에 오리라 다짐합니다.

* 고향이 보이는 언덕, 캐나다 밴쿠버에 있는 서양 공동묘지 한쪽에 있는 한인 전용묘지 입구의 바위에 새겨진 글

오! 캐나다!

빨간 단풍잎 허공에 펄럭이면 노래 부른다.
축복과 기회 보이지 않아 깨어진 꿈 밟는
오! 캐나다! 오! 캐나다!

1. 얼굴

얼굴을 찾으러 왔을까 지우러 왔을까
멀리서 보면 피부 빛 차이지만
가까이 보면 표정의 변화, 웃어도
눈 보이지 않는데 무얼 감추려 하는가?
표정 없는 얼굴, 탈이 되어 벽에 매달리고,
햇살 눈부신 길에서 어깨 부닥치며
환하게 웃는 이웃들 떠오르면
어깨 들썩이지 않아도 얼씨구 춤을 춘다.
회칠한 벽에 너울대는 그림자 비틀거리고
장단 없는 어설픈 춤에 어지러운 발자국
얼굴 새겨진 웃음을 물려준 조상보다
도망치듯 바다를 건넌 자신이 미워
웃음, 눈물 되어 구르면 벽에 박힌 탈.
가야할 땅 안보이고 침묵으로 서있는 벽

2. 다리

가구는 사용하지 않아도 떠나지 않고,
필요한 가구는 식탁과 침대뿐
책상은 책꽂이와 벽에 걸린 액자
비슷한 처지의 이웃과 만드는 풍경
보이지 않던 책상 서랍을 연다.
먼지 덮고 잠자는 사람 살지 않는 주소록
하루 무얼 했는지 적을 수 없어
하얀 일기장에 한 글자 새길 수 없다.
아무도 찾지 않아 책상으로 서있다.
가슴을 연다면 무엇을 볼까?
이루지 못한 꿈과 지키지 못한 약속
빈 서랍만 품어 다리가 아프다.

3. 발

거리에 사람 없고 발만 있어도
발 따라 사람을 만나러 간다.
걸음 멈추면 사람들 갈 길 바빠

서둘러 걸음 옮기는데 모두
처음 보는 피부 빛 다른 얼굴
캐나다는 얼마나 넓은 대륙인가
돌아갈 수 없는 바다 건넜기에
앞으로 걸었지만 지친 걸음 멈추면
낯선 얼굴이 같은 얼굴임을 본다.
대서양을 건넜든 태평양을 건넜든
지갑 속 들어있는 몇 장 지폐처럼
때 묻어 구겨진 꿈들.......
금요일 저녁 발걸음 가볍게 하는가?
갈 곳 없어 거리를 오고 가지만
앞에 발 가고 뒤에 발 오니 발 움직인다.
뜻 통하지 않는 억양 다른 말 잊어버리고
다 같이 또는 혼자 가는데
사람 없고 발이 발을 좇아가도
어디로 가는지 말해주지 않는다.

4. 손

너희를 생각하면 작은 손 더욱 작아진다.

주머니에 감추고 싶은 아빠의 손
하루 동전 주우러 넓은 땅 뛰어 다닌다.
손에 쥐었던 동전은 꿈이 배여 무거웠고,
주머니에 집어넣고 꼭 쥐고 있었어도
꿈을 잃고 뛰어 다니며 잃어 버렸다.
바다 같은 대륙도 한 개 섬이라 알았을 때
꿈에 젖은 동전 찾으러 길을 떠난다.
주머니에 지폐 한 장 없고
동전 하나 잡히지 않는 날
땅만 보고 걸어 걸음 느리다.
하늘 보며 찾아 온 이 땅에서
일찍 접은 꿈도 부끄럽지 않다.
발자국 소리에 눈 동전같이 뜨고
깨어나는 아이들에게
동전을 주는 손이 돼야한다
그들의 동전이어야 한다.

5. 가슴

술집에는 시계가 없다.

잔보다 가슴 채우는 일이 어렵다.
피부 빛 다른 얼굴에 미소 져도
계산이 끝나기 전에 등을 돌리고,
잔과 잔이 부닥치는 소리
허공에 울리는 억양 다른 언어들
손님은 떠날 때를 알아야 하지만
나는 언제까지 손님인가
지금 여기는 몇 시인가?
말은 거품으로 흐르고
빈 술잔으로 가슴 벌려도
마실수록 더 마셔야한다.
영수증 같은 시민권 받았어도
아직도 계산을 치르지 않았다.
채우러 왔다 비우고 가며
빈 술잔에게 묻는다.
지금 나는 어디에 와있는가?

제3부

우리 다시 만날 때

방향감각

신호가 바뀌는 거리에 눈이 내립니다.
두터운 코트로도 감출 수 없는
제 각기의 피부와 언어를 가진 사람들
누군가 길 건너에서 기다리고 있다는 듯
눈 위에 미끄러지며 바삐 움직이고,
앞서 가는 폭이 큰 걸음과 높은 어깨에
은혜처럼 내리는 눈을 바라봅니다.
바다를 건너 온 후 짧은 다리로
폭이 큰 걸음을 쫓아다니며 길은
걸어서 길이 된다고 알았습니다.
바뀐 신호등에 길을 묻습니다.
대답 없는 건 언어가 달라서만 아닙니다.
이 거리에서는 쉬지 않고 길을 걷고
뿌리내릴 자리라는 주어진 자리 지키며
시키는 일 되풀이 하는 것 의무입니다.
문득 보이지 않는 길 때문에 눈을 감습니다.
걸어온 길도 가야할 길도 모두 꿈같지만
아무 것도 보지 않는 이 순간
가장 많은 것을 보고 있습니다.
바뀐 신호등 아래 걸음 재촉합니다.

거리에서 누구나 갈 길이 있습니다.
눈 내리는 이방의 거리를 걷노라면
멀고 험한 길을 걸었어도
내딛는 한 걸음이 첫걸음 같고
제자리걸음을 걷고 있는지 몰라도
걸음을 멈출 수가 없습니다.
작은 어깨에도 눈은 떨어져 내려
이방인에게 덤으로 내리는 축복인지,
잘 못 건너온 신호등이라도 걷습니다.
신호가 바뀌는 거리에 눈이 내립니다.

하늘에서

당신이 행한 살인 또는 대량학살이
눈 깜짝할 사이 행해지고
결과는 항공사진에 불과하여
티브이 뉴스의 한 장면
신문에 실린 한 장 사진으로 변할 때
적은 목표물로 흘린 피 생각하지 않고
정확성과 몇 미리 오차를 계산한다면
어느 생명도 죽인 것 아니다.
주어진 임무를 수행했을 뿐
울부짖는 얼굴 불기둥이 가려주고
아픔의 비명소리 폭음이 삼켜준다지만
그들은 비명 지를 순간조차 없다.
모든 것은 위에서 내려온 작전계획
당신의 뜻과 의지와 전혀 상관없다.
보이지 않는 적은 적이 아니다.
피 묻히지 않는 살생은 살생이 아니며
하늘 나르면 인간은 한 개 점도 아니다.
오늘 모르는 이에게 떨어트린 폭탄
이 땅에 정의가 살아있음을 증명하고
지구의 평화를 유지하고

번영해야 할 인류의 파멸을 막았다.
할 일을 했다는 개척자적 사명감에
자랑스러운 십자가 어깨 위에 무겁고 아직
받지 못한 훈장 가슴에서 별처럼 빛난다.

이른 아침 늦은 출근 길

아이는 제일 먼저 학교에 왔다.
아무도 없는 놀이터에서
그네를 바꾸어가며 탄다.
이른 아침 늦은 출근 시간
떨어트리고 가야하는 아이
왠지 불안하여 오지'않는
버스를 기다리며 뒤 돌아본다.
아이가 너무 일찍 배워야하는
기다림의 시간이 너무 길까
아직 9살 4학년인데
학교도 놀이터도 문을 닫고 있던
추운 겨울날 어떻게 보냈는지
아이는 눈사람을 만들지 못해도
봄날이 좋은지 놀이터가 좋은지
사방에 피기 시작하는 꽃처럼
그네에 앉아 환하게 웃고 있다.
그네를 타려고 일찍 온 것처럼,
혼자 밀기 지루한 그네를
봄날의 따스한 바람이 도와주지만
흔들거리며 기다리고 있다.

뒤에서 밀어주는 사람이 있거나
옆에 타는 사람이 있어야 그네는
하늘 높이 올라가는데

아무거나

오늘 저녁 뭐 먹을래? 아무거나.
무심히 답하는 남자의 흰머리보다
주름 속 풀어진 눈동자를 보며
가슴 칼이 닫은 듯 섬짓했습니다.
흙으로 밥을 한다 해도 끄덕일 표정.
어디를 가도 식성은 변치 않는다고
철따라 먹고 싶은 것 많았습니다.
비가 오면 부침개가
여름엔 얼음조각 뜬 콩국수
비빔국수가 먹고 싶다고 했습니다.
어려운 주문이 아닌데도
피곤하다는 한 마디로 거절했죠.
먹는 것 노래하던 입에서 나온 한 마디 말.
이민생활은 남자들 기를 죽여도
원칙이 지켜지고 남을 속이지 않고 살아
이 땅이 좋다고 웃던 남자였습니다.
만족이 체념 뒤에 따라오는 사 십대 중반.
자라는 아이들 위해 허리를 펴고
고개를 꼿꼿이 세워야 하는데
땅만 보며 살아온 듯 매사가 심드렁해졌습니다.

언젠가 날았던 하늘 까맣게 잊어버렸습니다.
어떻게 건너 온 바다인데
아무거나 먹겠다는 말이 꿈도 희망도 없이
아무렇게나 살겠다는 말로 들려 모처럼
저녁을 준비하는 손에 힘이 빠집니다.

어머님의 방

침대도 없는 어머님의 방에는
한라산 바라보이는 유채 밭이 있고
진달래 가득 찬 경복궁이 있고
단풍 속 붉게 타는 설악산이 있다.

빛바랜 꽃잎과 잎 새 마다엔
밤이면 떠났던 어머님의 향수가
외로이 보내신 세월과 더불어 울고

창밖 아파트 사이로 몇 번이나
가슴까지 파고드는 북극바람이 불고
그리움 조각 같은 눈이 날렸건만

등 기대는 소파에 길이 든 자식은
차를 사고 애들 위한 칼라TV를 사도
아직도 내 집 한 칸 없다고
코 높은 여왕의 달러에만 바빴다.
-한국 가는 비행기 삯이 얼마냐고
어머님은 오늘 저녁도 물으셨다.

밤새 꾸리실 어머님의 여장을
도울 수 없는 아들은
양주잔에 얼음을 부딪기며
TV의 볼륨만 높인다.

아저씨의 웃음

눈이 보이지 않는
아저씨의 웃음이
나를 기쁘게 한다.

아저씨는 이 땅이 좋단다.
애들 월사금 독촉 하지 않고
남 속이지 않고 살 수 있는
이 땅이 좋단다.

봉지 쌀 옆에 끼고
돌아가던 질척한 골목길
사글세 독촉하던 주인아줌마
폐렴을 앓다 병원 문 앞에서
숨을 거둔 막내의 얼굴도
이제는 잊어버렸다.

어제 둘째 애가 학교에서
산수를 백점 받았단다.
캐네디언 선생이 칭찬을 하고
아저씨는 접시를 닦아도 신난다.

한 잔의 죠니워커를 마시고
아저씨는 붉어진 얼굴로
눈물 젖은 두만강을 부른다.
아저씨의 그리운 내님은
어디에 있을까

눈이 보이지 않는
아저씨의 웃음이
나를 슬프게 한다.

요새 (The Garrison)

요새는 문이 닫혀 요새다.
바다를 건널 때 험한 파도보다
구름처럼 흩어지는 자신과 싸웠다.
모르는 땅과 춥고 길다는 겨울보다
무엇이 될지 모를 얼굴이 두려웠다.
땅 낯설고 거칠어 안으로 들어간다.
담은 높을수록 안전하다.
빈손이어도 빼앗길 것 염려하여
지킬 것 없어 더욱 무거운 총을 든다.
담보다 가슴을 먼저 두들기는 바람
지킬 것 없어도 지켜라
이 땅에서 빼앗기지 않는다는 것
얼마나 중요한지 너는 곧 보리라.
눈앞에 깔린 들판을 쳐다보다
음흉한 숲속에 총구를 겨눈다.
피부 빛 붉은 야만인들 사나워
목을 자르고 살갗을 벗긴다.
모든 것 순식간에 적으로 변해
쓰러진 풀잎 일어나 날을 세우고
뭇짐승 붉은 눈으로 이빨을 갈며

들판 흐르는 강물 피 빛으로 흐르리.
바람 없이 펄럭이던 깃발 내려져도
앞으로 나가기 위해서가 아니라
쫓겨나지 않으려 자리를 지킨다.
명령에 따라 목숨을 걸고 지키던
요새를 버리고 어느 낯선 들판
또 새로운 담을 쌓을지 몰라도
숲속의 나무들 하늘 찌르며 자라고
요새 위 멈췄던 구름 다시 흘러도
기다리는 사람 기다리는 날이 없는데
나팔 소리, 나팔 소리를 기다린다.

온도계

못 박혀 벽에 매달려 있다 .
요즘 같이 기후변화 심하고
사람들 혼란에 빠져 있을 때
정확한 온도를 말해야 하는데

겨울이 겨울 같지 않다.
어떤 옷을 입고 나가기보다
어디로 가야할지 몰라
도시는 길이 막혀 있다.

알 수 없는 일 너무 많고
할 수 있는 일 보이지 않아
무슨 현상을 말해도
변명은 변명으로 끝이 없다.

수은주가 내려가지 않는다.
얼굴보다 가슴이 얼어 있어
슬플 때 눈물 흐르지 않고
기쁠 때 웃음 피지 않는다.

수은주가 올라가지 않는다.
온 몸으로 보여 주어야 하는데
실내 온도는 항상 일정하고
유리관 속 따뜻해 눈 감긴다.

유리관 속 갇혀 있어도
바깥 공기가 심상치 않다.
바람이 뒤엉켜 불어도
눈 여전히 침묵으로 쌓이고

보이지 않는 이웃들 품고 온
꿈 한 자락이라도 붙잡았는지
기후 탓이다 조상 탓이다
작은 키 탓이다 변명하지만

유리를 깨고 흘려야 할 피 때문이다.
빌딩들 날을 세우고 솟아올라
가슴을 찌르는 이방의 도시
한 구석에서 누군가 외친다.

국경지대

시린 발로 얼은 강을 밟는다.
숨죽이고 사방을 둘러보면
어둠 깊이 쌓여 보이지 않는 길
잠자던 바람 일어나 달린다.

걸음 재촉하는 것 어둠 아니며
등을 미는 것 바람이 아니다.
감시병의 눈빛 칼날 되어 빛나고
목표를 찾아 당기는 방아쇠 소리

담을 쌓고 넘지 못할 선을 긋지만
하루하루가 싸움이며 잠시 쉬려고
멈춘 자리 국경이 되고 한 걸음
내딛으면 쓰러져도 돌아갈 수 없다.

국경 넘으면 또 국경이라 알지만
넘어야 하기에 국경이다.
약속과 기회의 땅 강 건너 없어도
떠나는 사람은 떠나야 한다.

언제나 찬바람 부는 이방의 거리
얼은 강이 되어 발밑에 있고
마주치는 눈 차갑고 날카로워
총구 들이밀며 떠나라 등을 민다.

국경지대에 밤이 깊어간다.
무사히 넘거나 실패해 쓰러져도
해는 떠올라 쓰러진 주검이나
지우며 간 발자국 위에 비추리라

피 묻은 발자국으로 남는다 해도
바람 잠 들어도 몸은 움츠러들고
지친 걸음 끌고 가는 떨리는 가슴
이 땅은 어디에 서도 국경이다.

모자익 (Mosaic)

선을 지우려 하지 않는다.
점 하나 박힌 자리가 있고
갈라놓은 선이 분명해도
이웃 색깔과 조화로 아름답다.

너와 내가 우리라 부르지만
담 같은 선을 넘어 손도 잡고
뜨겁게 입을 맞추고 싶지만
선을 지우면 조각으로 깨어진다.

싸움은 사소한 일로 시작되고
서로 다른 색깔 부정하면
같은 점보다 다른 점을 보고
피부 빛 차이 하나로 원수가 된다.

제 각기 걸어온 길이 달라도
선을 지워 그림을 그리지 않는다.
따로 놓인 자리 조화를 이루어
서로 세워주며 의지하고 있다.

우리가 있는 그대로 깨지지 않고
이 자리에서 함께 빛날 수 있다면
넓은 땅 그어진 그 많은 선도
우리가 넘지 못할 담이 아니다.

공기놀이

나무칼 깎아 허공 휘두르며 달리면
쫓기는 친구의 등도 찌를 수 있다.
플라스틱 총 움켜쥐고 심장 겨눌 때
누군들 쓰러트리지 못하랴

이마 맞대고 모여 앉은
계집애들 무르팍 사이
빛으로 반짝이는 공깃돌 보았어.

조그맣고 부드러운 손끝에서
거친 돌 구를수록 동그래지고
차례 기다리는 애들 앉아
흙냄새 맞으며 땅 쓰다듬고

둘러앉은 그네들 치마 밑
남모르게 훔쳐 본 댔지만
모가 나지 않은 돌
공깃돌 왜 다섯 개인가
짝수 아닌 홀수 인가 생각했어.

친구 것 빼앗는 딱지치기
쓰러트리고 깨부수는 팽이싸움
숨 가삐 쫓고 쫓기는 전쟁놀이보다
서로 주고받는 공기놀이

이른 봄 씨 뿌리듯 땅에 뿌렸다
열매를 거두는 정성으로 모우는 손
하늘까지 올렸다 받아 쥐는 마음
노랫소리 햇빛 속에 반짝거리고

원수의 심장을 향한 총소리 고함소리 죽고
쓰러졌던 아이들 다시 일어서고
편 갈라 싸웠던 아이들 어깨동무 하고
모든 싸움 끝났다 해도

지는 해 이마에 타오를 때까지 보았어.
하늘 오르던 노래 떨어져 구르고
어머니 품 같은 땅에 모아지는
높이 오를수록 해가 되는 공깃돌

포인세티아

창밖을 아무리 내다보아도
가게 문 열리지 않는다.
그 옛날 아무리 불러도
대답 없던 사람처럼…….

구석에 놓인 포인세티아
크리스마스 이전과 이후
얼마나 다르게 보이는가?

내다버리기 아까워
구석자리에 놓았는데
아무도 보지 않아
더욱 빨리 빛바래 간다.
먼지만 뒤집어쓰고 있다.

처음 사 올 때
빨갛게 타오르는 잎 새 사이로
은빛 징글벨 소리
울려나오는 것 같았다.

포인세티아가 팔리는 건
크리스마스 한 때
먼 곳의 친지에게
일 년에 한 번 카드를 보낸다.

포인세티아 팔면서도
카드 한 장 보내지 않은
카드 한 장 받지 못한
이 번 크리스마스
썰매를 타고 언덕 내려가듯
지나갔는데 …….

겨울에 대하여

언제나 이 번 겨울이 가장 춥고
길다

눈이 많이 왔는데
눈사람을 만들지 않는다.
원시인의 동굴 같은 아파트
토끼 한 마리 잡지 못한 사냥을
기다리다 지치고 배가 고파
눈만 커진 아이들에게 변명한다.

남의 땅 같은 새 땅에는 눈도
차가운 바람에 쫓기듯 날리고
땅은 얼어붙어 짐승 보기 힘들고
추위는 칼날 되어 피부를 파고들어
쓰러지려는 자신과 싸우며
빈 손으로 돌아오는 길은 멀었다.

일기예보는 믿지 못한다
해는 바람에 날려 일찍 지거나
얼어붙어 뜨지 못하고

어둠이 속삭이거나
바람이 들려주는 이야기
이 겨울이 가장 춥고 길다.

쓰러지는 불가에 앉아
내일보다 종말을 생각하며
세상은 불로 망하고
물로 망한다 생각하지만
말의 홍수에 빠져 망한다.
곧 빙하기가 올지 모른다.

굴 밖을 보면 오지 않을 날들
다시 못 볼 얼굴 많아
어둠 위에 어둠이 쌓이고
얼음 덩어리 가슴을 누르지만
동굴 속에 갇혀 있는 한
언제나 겨울이다.

배고파 어둡고 추운 밤에
아이들이 눈을 뜬다.

나는 어둠 속에 묻혀
씨앗이 되고 뿌리가 돼야한다
너희 가슴에 불씨가 타는 한
빙하기는 오지 않는다.

내일도 얼은 강을 건너
바람 부는 들판에 서리라
눈밭을 달리는 사슴의
발자국 소리 들린다.

겨울나무에게

내가 가는 길에 눈이 덮여
보이지 않는데 너 보고 있니?
한 사람을 보내고 슬픔 눈처럼
온 세상 덮어 길은 사라지고

눈물을 삼키며 말없이 서있다.
눈 위에 찍은 많은 발자국
쌓인 눈 이내 흔적 없이 녹아
가슴에 남는 것 없어 슬프다.

겨울이 왔을 때 끝을 말하듯
만남은 이별을 준비하는 시간
하지 못한 말들 가슴에
지울 수 없는 테로 새겨진다.

믿을 수 없는 이별의 말들
먼 곳으로 달아나는 행복은
눈송이처럼 허공에 날리고
잡지 못해 바라만 보는데

나무가 나무에게 말 한다
사랑은 언젠가 돌아오리란
약속이 아니라 반드시
돌아오리란 믿음이다.

나무의 발밑에서
얼은 땅 헤치며 뿌리가 자라
눈에 보이지 않는 것
잊지 말고 생각하라

홀로 서있어 겨울이 길어도
바람 온몸 흔드는 밤이면
떠난 이름 불러보지만
긴 기다림 속, 키가 자라고

쌓인 눈 녹으면 검은 가지에
푸른 잎 매달고 흔들어 주련
시린 발로 겨울 보내야 해도
자리 지키며 기다려 봄이 온다.

어디 가도 사랑이 없으면
가슴 추운 겨울인데 떠난 사람
어디 선가 발자국 찍으며
겨울나무 밑을 지나가리라

겨울 숲속

겨울 숲속에서 나무들은
검은 갑옷을 입는다.
칼처럼 가지를 뻗고
산다는 것은 싸움이라고
바람이 등을 두들기면
칼을 부딪친다.
침략자의 말발굽 소리
대낮에도 숨 가쁘게 들린다.

홀로 서있는 나무와 나무 사이
저마다 심은 꿈과 꿈 사이
쓰러진 풀잎이나 떨어진 꽃들은
얼어붙은 눈 밑에서 숨죽이고
바람소리 듣고 있지만
나무들의 고함소리 듣지만
멀리 간 새들 노래 소리 생각하며
이 땅이 늘 겨울이 아니라고 소곤댄다.

겨울 숲속의 바람소리는
칼 부딪치는 소리지만

보이지 않는 목소리들은
푸른 하늘과 잡고 흔드는 나무들의 손
나무그늘에 숨은 부끄러운 꽃
땅을 기는 풀, 모두에게
새들의 노래보다 먼저 떨어지는
은혜처럼 쏟아져 내려와
숲을 껴안는 햇살을 이야기 한다.

겨울 꽃

눈이 내리는데
꽃이 핀다.

얼어붙은
콘크리트 바닥 위에
빛깔 다른 꽃들이 어울려져
흐드러지게 핀다.

그들이 뿌리는 웃음소리가
오월의 라일락 향기처럼 떠올라
삼층 아파트창문을 두들긴다.

이른 아침 통학버스를
기다리는 아이들
책가방마저 구석에 팽개친 채
눈을 뭉쳐 하늘에 던진다.

피부 빛깔의 차이도
잊어버린 채
오늘 학교에서 배울

모든 공식도 잊어버린 채

빛깔 다른 것에 대한
미움 대신 온 세상 감싸는
하얀 웃음을
눈에 뭉쳐 던지며
그들은 활짝 핀다.

은빛 햇살 은혜처럼
쏟아지는 겨울 아침
이국의 아파트 단지에
꽃이 핀다.

겨울나무

바람 불지 않아도 부러질 것 같은
야윈 팔로 얼어붙은 하늘 찌르며
어느 방향을 보여주고 있나
나무를 붙들어 세우는 것
땅 속 깊이 숨은 뿌리가 아니다.
바람에 움츠리고 추위에 떨어도
한 걸음 한 걸음 힘들게 옮기며
뿌리 없이 바람에 날리지 않고
혼자 겨울을 헤쳐 가는 발자국들,
눈 속에 바람 속에 파묻혀도
일어나 다시 걷는 걸음 끝에
도시의 끝이 아닌 봄이 있다.
봄이 와도 푸른 잎새 하나
여윈 팔 끝에 매달지 못하고
만나 손잡을 사람 없어
한 송이 꽃도 피우지 못해도
푸른 가슴을 안고 있어
쓰러질 듯 일어나 가는 사람들,
목을 빼듯 가지 치켜들면서
굽은 등이 찍는 발자국 세고 있다.

눈 속에 묻혀 보이지 않을 때까지
자신보다 고단한 이웃을 보며
나무는 쌓이는 눈에 발이 시려도
살을 베는 바람도 매섭지 않고
가슴에 한 줄 선을 새기며 자란다.

우리 다시 만날 때

안녕하신가 물어오는 이 없어도
늘 그저 그렇게 잘 지내고 있다.
갈수록 사람 만나기 힘든 거리에서
아는 얼굴을 만나 걸음 멈추면
그저 그렇게 지낸다거나 별 탈 없이
잘 지낸다는 말 밖에 하지 못 한다 .
꿈이 깨어져 걷기 힘든 탓일까
모든 걸음은 제자리걸음이 되고
생활에 변화를 찾기 힘들어도
안정이 되었다고 변명하고
어떻게 건너 온 땅인데
사는 이유를 몰라도 죽지 않는다.
길을 잃어버리지 않았나 생각해도
애초 길이 있었을까?
성공 못 한 내가 피하는 것일까
부닥치는 일에 질문 던지지 않고
시냇물이 바위를 피해 돌아 강물이 되고
지금 바다에 와서 바다가 되었는가?
처음 만났을 때 골짜기를 흘러
노래 부르며 가는 길 행복했다.

호수 밑 가라앉아 침묵하러 오지 않았지만
어디로 가는지 방향을 물었을 때
살을 스치며 지나가던 바람과
무리 지어 말없이 손 흔들던 풀들
갈길 바빠 모두 등을 돌리고 떠나왔어도
너무 빨리 왔거나 늦게 왔는데
나를 지우며 나를 찾았는가?
어떻게 살고 있는지 묻기 전에
어디로 가는지 물어야한다.

풍경 사진

아름다운 풍경을 보면 사진부터 찍는다.
산 호수 폭포에서 사람들 너무 바빠
풍경 속으로 들어가지 않고
찰칵 하는 순간 서있다 떠나는데
그 순간조차 풍경에 등을 돌린다.
풍경을 찍는다면서 얼굴에 초점 맞추고
웃음 지으며 서있던 꽃도 고개 숙인다
쉽고 편리한 자동으로 찍고
풍경도 저절로 들어와 박히기를 바라지만
나뭇잎조차 렌즈에 잡히면 숨을 멈춘다.
돌아가 사진 볼 때 흐르다 멈춘 강
인물 뒤에 그림자로 매달린 산보다
사진 속에 담은 자신을 찾으려 하고
벌써 헤어진 사람 옆에 있는지 확인한다.
남는 건 사진뿐이라 하지만 잘라낸 풍경
쉬었다 다시 떨어지는 폭포가 아니다
발 담그면 깨어나 흐르는 강이 아니다
사람 떠난 뒤 산 높아지고 호수 넓어지고
폭포 우렁차게 떨어지며 나무 밤에 자란다.

새날

내일보다 새날이 왔으면 좋겠다.
오늘의 꼬리를 물고 그림자로 따라오는,
벽에 걸린 달력의 숫자로
오늘의 발자국 밟는 내일과 다른 새날.
사는 건지 살아지는 건지 몰라도
길들여지는 모든 것이 두렵다.
세상 고통 물러가고 오는 새날이 아닌
피해가던 세상 고통 껴안는 날.
새 얼굴, 새 길을 가는 것 아니다.
내가 먼저 바뀌어야 새날이 오듯
쉬지 못하는 걸음 멈추기 두렵지만
방향을 바꾸는 것 더욱 두려워도
우리 발을 담근 강물은 차갑고
언덕 너머 길은 숨어 안 보여도,
새 날은 혼자 걷는 것이 아니라
함께 가야 하는 것 아닐까요?
손잡고 걸어 눈보라 멈추지 않아도
잡은 손 따뜻하여 먼 길을 가는데
추운 겨울 따뜻한 새날을 기다린다.

■ 평설

보편적 감정 억제와 새로운 정서의 탐색

김용재
시인·UPLI 한국회장

I

미국의 국민시인으로 추앙받는 프로스트(Robert Frost : 1874-1963)의 시에 「자작나무(Birches)」란 것이 있다. 59행의 비교적 긴 호흡을 유지하고 있는 서술적 구조이지만 그 서술이 단순한 설명으로 그친 것이 아니라 의미있는 상징체계를 형성하고 있어 시 읽는 맛을 더해주고 있다. 그래서일까, 이 시는 수많은 독자층을 형성하고 있는 명작으로 손색이 없다 할 것이다. 그 내용을 집약해 본다.

이 시의 배경이 된 미국 동북부 뉴햄프셔 주는 숲이 우거지고 눈이 많은 지방이다. 눈이 쌓인 채 얼어붙으면 가지들은 그 눈을 이기지 못하여 휘어지거나 꺾이곤 한다. 비온 후 화창한 겨울 아침, 가지마다 크고 작은 얼음덩이가 매달린 자작나무를 본다. 가지에 실린 얼음이 햇빛을 받아 눈 덮힌 땅위에 산산이 조각나 떨어지는 장면은 장관이다. 시인의 표현대로 햇빛은 수정이 껍질을 떨어뜨리고, 그러면 눈 위로 유리조각이 수북히 쌓인다. 그 부서진 유리더미를 쓸어 치운다면 마치 하늘 안쪽 천정이 무너져내렸다고 생각할지도 모른다. 이렇게 해(害)를 입어 회복하지 못한 채 땅에 끌리는 자작나무를 보면서 시인은 여러 가지 상상을 한다. 고개를 수그리고 햇빛에 머리를 말리는 소녀, 소를 모는 시골 소년의 유일한 운동과도 같은 가지타기의 장면, 그리고 아이들이 나무타기할 때 꼭대기까지 조심껏 올라갔다가 지상으로 뛰어내리는 장면 같은 것이다. 시인도 물론 어린시절에 자작나무를 탄 경험이 있고 그 경험은 아름다운 것으로 간직되어 있다. 시의 끝부분을 살펴보자.

Earth's the right place for love :
I don't know where it's likely to go better.
I'd like to go by climbing a birch tree,
And climb black branches up a snow-white trunk
Toward heaven, till the tree could bear no more,
But dipped its top and set me down again.
That would be good both going and coming back.
One could do worse than be a swinger of birches.

세상은 사랑을 위한 알맞은 장소
이 세상보다 더 좋은 곳 어디 있는지 모른다
나는 자작나무를 타듯 살아가고 싶다
검은 가지를 타고 설백(雪白)의 줄기에 올라

하늘로 향하다가 나무가 더 이상 견디지 못해
가지 끝을 기울여 다시 나를 내려놓을 때까지.
그렇게 가는 것도 돌아오는 것도 다 좋은 일이다.
자작나무 타는 일보다 훨씬 못하게 살수도 있으니까.

어린 시절의 경험을 토대로 한 낭만적 충동을 자작나무 타기와 결부시킨 이 작품은, 사람이 검은 가지에 올라 하늘을 향하여 눈처럼 흰 줄기까지 이르고 싶지만 그러나 시인은 지상을 떠나 더 나은 곳이 없다는 매우 현명한 의견을 밝힌다. 시인의 이러한 지혜로운 의견은 명품 붓으로 그려낸 장면 묘사의 아름다움과 함께 독자의 가슴에 감동을 안겨줄 것이다. 자연을 보며 인생의 지혜에 도달하는 것이 대체로 프로스트 시의 정석으로 알려져 있지만 특히 이 시에서는 시인의 미적 상상력의 수준과 내면의 아름다움을 엿볼 수 있게 한다.

II

내가 대학에서 가르치던 시 한편을 먼저 소개해 놓고 다시 박성민 시인의 약력을 살펴본다. 50대 후반 이순을 바라보는 연륜이다. 고등학교를 졸업하고 캐나다에 이민 정착했고 토론토 대학에서 일본문학과 영문학을 전공했다. 제1회 해외동포 문학상, 시부문 가작상을 받았고(1999), 미주 중앙일보 신춘문예 시부문 가작상을 받았다(2000). 소설부문에서는 고교생 현상문예당선(1974)으로부터 해외동포문학상 소설우수상(2010)

에 이르기까지 여섯차례의 수상경력이 있다. 저서에도 소설집이 있고 동인시집이 있고 개인시집으로 『어머니의 방』이 있고 『이제 남은 건』이 있다. 꾸준히 문학공부를 하며 연찬해온 결과라 믿어 의심치 않고 그 동안 적지 않게 독자층도 형성되었을 것이라고 생각해본다.

그러나 문학의 숲을 보고 시의 나무를 보는 것은 박시인이 「자작나무와 시인」에서 실토하고 있는 바와 같이 어떻게 생겼는지 확실히 알지 못하면서, 보았는지 보지 못했는지 구분할 수 없는 상황에서도 모든 나무가 자작나무로 다가온다고 말하고 있듯이 불확실의 세계를 보는 것이고 가능의 세계를 보는 것이라 생각한다. 다시 말해서 시의 세계는 시인의 이력의 값을 따지고 수상의 내용을 상찬하는 것이 아니라 삶의 보람이나 정서의 상승적 가치를 추적하는 광활한 의식의 들판에 있다는 것이다.

그래서, 「자작나무와 시인」은 시인의 의식세계에 자작나무의 정서적 가치를 끌어들인 결과의 산물이라 말할 수 있을 것이다. 시인이 프로스트의 「자작나무」를 읽지 않았다 해도(영문학 전공을 하면서 읽었을 것으로 사료되지만)그리고 「자작나무와 시인」이 박시인의 우수 작품이 아니라 해도 자작나무는 이 시인을 시인이게 하는 근본적인 작품이 될 수 있는 것이다. 그 후반부를 보자.

시인들이 노래를 해서
자작나무는 종종 내 눈앞에 서있지만

언젠가 본 적이 있는 것 같습니다.
호젓한 산길 나무아래 걸음을 멈추고
잠시 쉬었다 왔는지 모르죠.
자작나무도 한 여름이면
무성한 푸른 잎을 달고 있겠죠.
시인들이 걸어 논 말들이
열매처럼 주렁주렁 매달려
자작나무는 시인의 나무로 서있습니다.
허리에서 어깨 높이까지 자랐다가
온 하늘을 가득 덮기도 합니다.
바람이 불지 않아도 흔들리는 잎새들
눈보라가 몰아쳐도 더욱 푸른 말들
한 겨울 눈 속에서 자작나무를 심습니다.
그리고 누군가의 이름을 부르며
잎새가 흔들거리는 소리를 듣습니다.

-「자작나무와 시인」 후반부

시인들이 노래를 했기에 오늘의 자작나무는 내 눈앞에 서 있다. 내 스스로보다 시인들에 의해서 자작나무의 의미는 상승되고 그래서 나에게도 더 가깝게 다가서는 것이다. '시인들이 걸어 논 말들이/열매처럼 주렁주렁 매달려' 있기에 자작나무는 결국 시인의 나무인 것이다. '바람이 불지 않아도 흔들리는 잎새들/눈보라가 몰아쳐도 더욱 푸른 말들'… 이쯤에 와서 자작나무는 자연 현상으로서의 나무의 가치를 훨씬 뛰어넘어 시인의 나무, 인생의 나무로 우뚝 선다. 그래서 우리는 한 겨울 눈 속에서도 자작나무를 심을 수 있고, 누군가의 이름을 부르며,

잎새가 흔들리는 소리를 들을 수 있는 것이다. 다시 「자작나무」의 한 부뷰을 보자

It's when I'm weary of considerations,
And life is too much like a pathless wood
Where your face burns and tickles with the cobwebs
Broken across it, and one eye is weeping
From a twig's having lashed across it open,
I'd like to get away from earth awhile
And then come back to it and begin over.
- Birches-LL.43-49

내가 이런저런 생각에 시달리고
인생이 정말 길 없는 숲속 같아서
얼굴이 거미줄에 걸려 얼얼하고 근지러울 때
그리고 눈을 뜬 채 작은 가지에 얻어맞아
한쪽 눈에서 눈물이 날 때
나는 잠시 이 세상을 떠났다가
다시 돌아와 새출발을 했으면 싶다. (43-49)

영국 자연주의 시인 워즈워드(William Wordsworth : 1770-1850)와는 달리 프로스트의 자연은 때로 정신적 대화를 갖지 못하는, 어쩌면 가혹하기까지한 생활환경일 뿐이다. 철저한 리얼리스트로서의 프로스트 시를 보는 듯하다. 같은 한 편의 시 속에서도 낭만적인 것과 서로 엇갈리는 부분이다. 그런 가운데 인

생살이가 복잡할 때 잠시 이 세상을 떠났다가 다시 돌아와 또 시작했으면 싶어진다고 말한 것은 변화와 전환의 길이며 지혜에 도달하는 새로운 의식의 길일 것이다.

박성민의 시에 이르면, 바람이 불지 않아도 흔들리는 잎새들 - 그 잎새가 흔들리는 소리를 들을 수 있는 조화의 길에 서 있다는 느낌을 지닐 수 있을 것이다. 페이소스(Pathos)가 감도는 고통의 언덕을 넘어 저기 지혜와 가능의 세계에 시심의 안테나가 꽂혀 있다는 것은 특히 감상과 영탄의 세계를 뛰어넘은 이민문학의 깃발이 될 수 있을 것이다.

다시 말해서 박성민의 「자작나무와 시인」은 프로스트가 「자작나무」에서 시도한, 자연을 통한 인생의 지혜가 담겨있고 변화의 땅에서 찾는 조화의 길이 펼쳐져 있다. 이는 박성민 시의 특징적 요소이며 이민문학의 입장에서 보아도 바람직한 주제라고 생각을 한다.

III

이 시집의 표제로 뽑은 「블루어 연가」는 이 시집을 관통하는 시심의 주요 응결체이며 대표적 작품이다. 블루어(Bloor.St.)는 캐나다 토론토의 한인타운이 있는 거리 이름이며 시인이 살고 있는 곳이다. 한 때 캐나다의 수도였고 지금은 온타리오 주의 주도(州都)로 되어 있고 캐나다에서 가장 큰 도시로 알려져 있다. 그러나 도시로서의 특징적 요소와는 아무런 관계가 없고 이민으로 정착한 타국에서의 내나라 마을 그 거리에서 보고 느끼는 군상들이 주제의 반목을 잡고 있는 것이다.

옛날에는 그 곳에 가면
친구나 연인은 아니더라도
막연한 얼굴 만날 것 같았지
한글 간판만 보아도 반가웠어.
서울, 고려, 한국, 아리랑…….
영어 간판 사이로 얼굴 내미는
수줍은 한글 간판 밑을 걷노라면
김치 냄새, 불고기 굽는 냄새
나는 골목길을 걸었다.

깨어진 꿈이 땅에 떨어져 구르는
숨은 씨앗만 있고 열매 보이지 않는
사랑 한 번 못하고 보낸 거리.
늘 바람이 불고 추워도
언제 봄이 오느냐 묻지 않지만
멈추어서 이름 부르지 못하고
스쳐가 버린 얼굴들 성공했을까
사랑을 하지 못하면서
사랑을 노래하는 것은 슬프다.

갈수록 멀어져 보기 힘든 친구들
찾은 자리 뿌리내려 꽃 피워야 한다.
뿔뿔이 흩어져 어둠 속으로 돌아가면
우리는 아직 씨앗이다.

겨울바람 돌아가는 등을 밀어
블루어의 밤은 깊어가고
먼데서 달려온 눈발 휘날리는데
깨어진 꿈보다 부르지 못한 노래 있어
나는 걸음이 느리다.

-「블루어 연가」 전문

제1연에서는 '영어간판 사이로 얼굴 내미는/수줍은 한글 간판…'아래서 찾는 한국의 음식 냄새와 우연히 만날 것 같은 막연한 얼굴이 떠오른다. 타국에서 품는 조국의 노래이며 조국을 노래하는 그리움일 것이다. 제2연에서는 꿈과 씨앗과 열매와 사랑이 모두 결실을 맺지 못한 차갑고 슬픈 땅에서 부르는 봄을 기다리는 노래, 그 따뜻한 사랑의 노래가 새겨진다. 제3연에서 시인은 아직 어둠속 씨앗으로 있지만 부르지 못한 노래 있어 걸음이 느리다고 했다. 어둠 속에서 싹트는 씨앗의 노래, 꿈의 노래, 희망의 노래를 불러야 한다는 의무감을 동반했기에 걸음이 느리다고 했을 것이다. 느린 걸음 속의 시인의 의지를 읽을 수 있다는 것이 이 시를 감상하는 매콤한 맛일 것이다.

이제 남은 건 꿈뿐이다

떠나올 때 가지고 온 짐이라곤
꿈 뿐이었지만
오래 전 성공하여 돌아가리라던
꿈 깨져버린 그 후에도

남은 건 꿈 뿐이다

간밤에 양도깨비에게
쫓기는 꿈밖에 꾼 것 없지만
샌드위치 싸는 새벽에도
꿈을 꾼다.

오버타임을 끝마치고
돌아오는 서브웨이 안
뭇 인종들 틈에서 졸고 있지만
꿈을 꾼다.

어두운 터널을 지나 가야할 그 곳
계단을 오르며 보아야 할
파아란 하늘을 꿈꾼다.
-「꿈」 전문

박 시인의 「꿈」은 심각하면서 생활의 전부다. 이민 오면서 가지고 온 짐도 꿈 뿐이었고 깨어진 것도 꿈이고 남은 것도 꿈이다. 양도깨비에게 쫓기는 꿈도 꾸고 샌드위치 싸는 새벽에도 꿈을 꾸고 뭇 인종들 틈에서 졸면서도 꿈을 꾸고 어두운 터널 길목에서도 꿈을 꾸고 계단을 오르면서도 꿈을 꾼다.

꿈은 불편하고 불안한 현실에서 더 절실한 것이고 꿈을 가꾸는 노력은 삶의 힘이다. 아울러 꿈은 쓴 맛이어도 달콤한 것을 전제로 한다. 그래서 꿈은 위안이며 희망을 눈뜨게 한다. 그러나 무너지면 좌절하고 좌절하면 가라앉는다. 일어설 수 있는 힘은 또 꿈으로부터 생성된다. 누구나의 가슴에 와 닿는 소박한 것이지만, 절대로 놓쳐서는 안될, 특히 이민생활에서의 최대의 무기이며 최고의 가치로 평가받을 수 있는 것이다.

이 시에서는 '파아란 하늘'을 맞이하는 것이 시인의 꿈의 목표로 되어있다. 구체적인 것을 제시하지 않고 이렇게 상징의 도구를 사용할 수 있는 것이 시의 힘이다. 생각해 본다면 파아란 하늘은 물질적으로나 정신적으로나 뜻을 이루는 것 또는 그런 날이라고 여겨지는데 이런 생각이 곧 독자의 몫이 될 것이다.

나뭇가지에 앉으면
나뭇가지가 되고
풀잎 사이에 누우면
풀잎이 된다.

가슴을 찌르는 시선
날카로운 발톱에 쫓겨
꼬리를 떼어내고 피 흘리느니
옷을 바꾸어 입고 서있다.

하루하루 부닥치며 기어갈 때
눈보다 더듬이로 길을 찾고
복잡하게 생각하지 않는다.
생활은 피부로 느낄 때 절실하다

아무도 나를 부르지 않는다.

다리 사이에 감춘 꼬리
그림자처럼 매달려 흔들거려도
그들 피부의 색깔 먼저 본다.

축복과 기회의 땅이건
저주와 차별의 땅이건
다만 색깔의 차이지만
풀과 나무가 여전히 자라고
그 사이에 두 팔 벌리고 서있다.

-「카멜레온을 위하여」 전문

사전의 의미로 집약해보면 카멜레온은 도마뱀 유형의 파충류이며 보통 회갈색, 황갈색, 또는 녹색에 불규칙한 반점을 지니고 있다. 그러나 그 외형보다 중요한 것은 몸빛이 광선 온도에 따라 쉽게 또는 자유롭게 변화하여 주위의 상태에 잘 적응한다는 것이다. 더불어 다리가 길고 발가락이 갈고리형이어서 나무를 잡고 오르는 능력이 뛰어나고 한 뼘 정도의 긴 혀로 곤충을 날쎄게 포식할 수 있다는 것이다. 이 카멜레온은 북아프리카, 시리아, 소아시아, 스페인, 인도, 실론 등 세계 여러 곳에 분포되어 주로 밀림 속에 서식하는 것으로 되어 있다.

예시 「카멜레온을 위하여」에서 카멜레온을 시인으로 대입해보면 시의 이해는 물론 시작의 의도까지도 쉽게 파악할 수 있을 것이다. 카멜레온 같이 생활할 수 있고 카멜레온 같이 적응능력을 발휘할 수 있다면 물론 꿈도 쉽게 이룰 수 있을 것이다. 그러나 밀림같은 타국의 이민생활은 시인의 시구대로 피부로 느낄 때 더 절실한 것이다. 축복과 기회의 땅으로 맞이하느냐, 저주와 차별의 땅으로 추락하느냐, 생각하는 의식의 내면에 색깔의 차이가 존재하지만 카멜레온을 위한 시심은 생활의 큰 힘으로 작용할 것이다.

IV

50여편 박성민 시인의 시를 일별하면서 특징적인 몇편만을 살펴 언급하였다. 그러나 「식탁위의 무지개」「그네」「피노키오」「터널의 끝은」「들꽃」「서부영화」「토론토」「숲속에 들어가며」「오작교」「온도계」… 등 많은 작품들이 일정한 수준을 유지하고 있어 독자층이 두터워질 것이라고 생각해 본다.

그의 시가 대부분 이민생활에서 겪는 특수한 여러 사건과 그 사건에 연루된 정서가 바탕이 되어 있지만 이민문학에서의 일반적 감정, 이를테면 고통·고독·상심·슬픔·동경 같은 것으로부터 때로 거칠고 단조로운 요소들을 잘 극복하고 있다는 것이 장점이다.

다시 말해서 일상의 보편적 감정을 억제하고 새로운 정서의 탐색에 열중하고 있다는 것이며 이 정서를 시의 특징적 간접표현법으로 잘 응용하고, 상징의 도구를 적절하게 이용하고 있다는 것이다.

그러나 편편마다 다소 긴 호흡의 시(시행)를 응축하는 힘과 시점(視點)정리를 명확히 해야 한다는 책임감 또한 생각해 보아야 할 것으로 사료된다. 예를 들어 「섬」이라는 시에서 화자

(speaker)가 '섬'인가, '나'인가, '제3자'인가, 한 목소리로 정리해야 할 필요가 있다는 것이고 다른 시편에도 그런 것이 없는가, 꼼꼼하게 살펴보아야 할 것이다.

말을 줄이며 한마디 더 붙여본다. 박성민의 시집은 스스로의 인생에서 경작한 정신적 생산품이며 고통의 전장에서 캐낸 승리의 전리품과도 같은 것이다.

『블루어 연가』의 탄생을 진심으로 축하드리며, 훌륭한 시인으로 거듭나시길 빈다.